O CASAMENTO NÃO É PARA VOCÊ

É para a Pessoa que Você Ama

Todas as fotografias e ilustrações neste livro foram usadas com autorização. Páginas 6-7 © Rock and Wasp/Shutterstock; página 8 © Michael Jung/Shutterstock; página 11 © Matthew Nigel/Shutterstock; página 12 © Rido/Shutterstock; página 15 © Pavel Vakhrushev/Shutterstock; página 16 © Nicolesa/Shutterstock; página 19 © Umkehrer/Shutterstock; página 20 © dotshock/Shutterstock; página 25 © VannPhotography/Shutterstock; página 26 © Kate Benson Photography; páginas 28-29 © Peter Bernik/Shutterstock; página 31 © Andrey Arkusha/Shutterstock; página 32 © Kichigin/Shutterstock; página 35 © Eugene Sergeev/Shutterstock; página 36 © takayuki/Shutterstock; página 39 © gpointstudio/Shutterstock; página 40 © Ruth Black/Shutterstock; página 43 © wavebreakmedia/Shutterstock; página 44 © nenetus/Shutterstock; página 47 © Phaendin/Shutterstock.

Copyright © 2014 by Seth Adam Smith

Título original: Marriage isn't for you – It's for the one you love

Tradução: Heloisa Leal
Capa: Raul Fernandes
Foto do autor: Kate Benson Photography
Design de miolo: Ken Wzorek
Diretor de arte: Richard Erickson
Diagramação: Babilonia Cultura Editorial [Kátia Regina Silva]

Impresso no Brasil
Printed in Brazil
2015

CIP-BRASIL. CATALOGAÇÃO NA PUBLICAÇÃO
SINDICATO NACIONAL DOS EDITORES DE LIVROS, RJ

S646c

Smith, Seth Adam
O casamento não é para você: é para a pessoa que você ama / Seth Adam Smith; [tradução Heloisa Leal]. – 1. ed. – Rio de Janeiro: Valentina, 2015.
48p.: il.; 19 cm.
Tradução de: Marriage isn't for you: it's for the one you love
ISBN 978-85-65859-81-3

1. Casamento. 2. Casais – Aspectos psicológicos. 3. Relação homem-mulher – Aspectos psicológicos. I. Leal, Heloísa. II. Título.

15-25980

CDD: 306.87
CDU: 392.6

Todos os livros da Editora Valentina estão em conformidade com
o novo Acordo Ortográfico da Língua Portuguesa.

Todos os direitos desta edição reservados à

EDITORA VALENTINA
Rua Santa Clara 50/1107 – Copacabana
Rio de Janeiro – 22041-012
Tel/Fax: (21) 3208-8777
www.editoravalentina.com.br

O CASAMENTO não é PARA VOCÊ

É para a Pessoa que Você Ama

SETH ADAM SMITH

valentina
Rio de Janeiro, 2015
1ª edição

Para Kim:
O casamento ainda não é para mim.
Sou seu.

· Pensando em Você ·

Conheci minha esposa na escola, ambos com quinze anos de idade. Fomos amigos durante dez anos, até… decidirmos que não queríamos mais ser apenas amigos. :)

dica

RECOMENDO ENFATICAMENTE QUE MELHORES AMIGOS SE APAIXONEM.

medo

*Mesmo assim,
ter me apaixonado
pela minha melhor amiga
não impediu que
eu sentisse certos*
TEMORES E ANSIEDADES
em relação ao casamento.

*Quanto mais Kim e eu
nos aproximávamos da decisão
de nos casarmos, mais eu sentia
um medo paralisante.*

EU ESTAVA PRONTO?

EU ESTAVA FAZENDO A ESCOLHA CERTA?

KIM ERA A PESSOA CERTA PARA EU ME CASAR?

ELA ME FARIA FELIZ?

Então, numa fatídica noite, compartilhei esses pensamentos e preocupações com meu pai.

Talvez todos nós tenhamos momentos na vida em que o tempo parece passar mais devagar, o ar fica parado e é como se tudo à nossa volta se contraísse, anunciando um daqueles momentos inesquecíveis.

A resposta de meu pai às minhas preocupações criou um desses momentos para mim.

Com um sorriso sábio, ele disse:

SETH, VOCÊ ESTÁ SENDO EXTREMAMENTE EGOÍSTA.

POR ISSO, SEREI BEM SUCINTO:

O CASAMENTO NÃO É PARA VOCÊ.

família

Você não se casa para fazer a si mesmo feliz, você se casa para fazer a outra pessoa feliz.

Mais do que isso, o seu casamento não é para si mesmo... você está se casando para constituir uma família.

Não só para ter sogros, cunhados e toda a loucura que isso envolve, mas para ter seus
FILHOS.

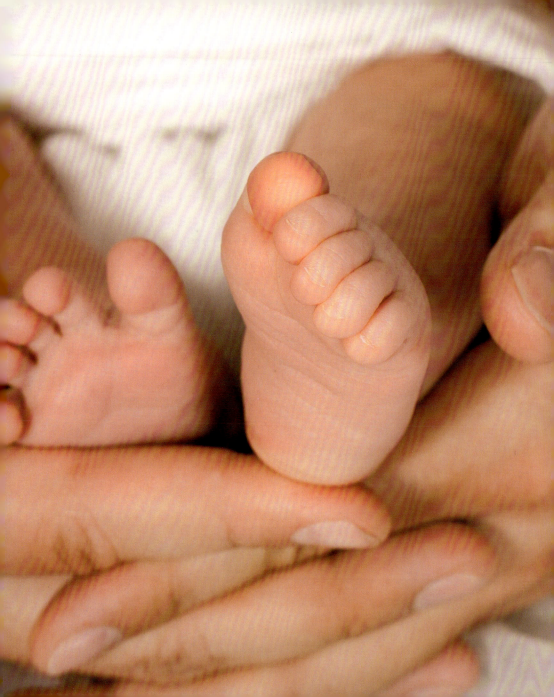

QUEM VOCÊ QUER QUE O AJUDE A CRIÁ-LOS?

QUEM VOCÊ QUER QUE OS INFLUENCIE?

*O casamento não é para você, filho.
Não tem a ver com você.
O casamento tem a ver com a pessoa
com quem você se casa.*

NAQUELE MOMENTO, EU SOUBE QUE ELA ERA A PESSOA "CERTA" PARA ME CASAR.

Compreendi que queria fazê-la feliz,
apreciar seu sorriso e vê-la
gargalhar todos os dias.

Queria ser parte da família dela,
e a minha família queria que ela fosse
parte da nossa.

E, ao relembrar todas as ocasiões em
que a observara brincando com as
minhas sobrinhas, eu soube que
ERA ELA A PESSOA
com quem eu queria construir
a nossa própria família.

O CONSELHO DE MEU PAI FOI CHOCANTE E REVELADOR.

Mas também extremamente subversivo, em um mundo que exige a autorrealização em detrimento do autossacrifício; um mundo que diz que você pode "ter tudo", mas ridiculariza a ideia de que casamento e família **SEJAM ESSE TUDO;** *um mundo que sustenta a ideia de que relacionamentos são tão descartáveis quanto um produto comprado no supermercado — se você não ficar satisfeito, basta comprar outro.*

NÃO, UM CASAMENTO VERDADEIRO
(COM AMOR VERDADEIRO)
NUNCA TEM A VER COM VOCÊ.

ELE TEM A VER COM A PESSOA QUE VOCÊ AMA — COM OS

DESEJOS,
NECESSIDADES,
ESPERANÇAS
E SONHOS

DA PESSOA AMADA.

O EGOÍSMO EXIGE:
O que eu ganho com isso?

O AMOR PERGUNTA:
O que eu posso dar?

Algum tempo atrás,

MINHA ESPOSA ME MOSTROU O QUE SIGNIFICA AMAR SEM EGOÍSMO.

POR MUITOS MESES, MEU CORAÇÃO ENDURECERA COM UM MISTO DE MEDO E RESSENTIMENTO.

Então, quando a pressão se acumulou a um ponto em que nenhum de nós dois suportava mais, as emoções explodiram.

FUI INSENSÍVEL.

FUI EGOÍSTA.

perdoar

Mas, em vez de imitar o meu egoísmo, Kim fez algo mais que maravilhoso — ela simplesmente me deu uma aula de amor.

Pondo de lado toda a dor e sofrimento que eu lhe causara, ela me abraçou com carinho e acalmou a minha alma.

E EU ME DEI CONTA DE QUE HAVIA ESQUECIDO O CONSELHO DE MEU PAI.

Enquanto o papel de Kim no casamento tinha sido me amar, o meu tinha sido pensar só em mim.

Essa terrível conscientização me levou às lágrimas. Fiquei de joelhos e prometi à minha maravilhosa esposa que faria tudo para ser o melhor marido do mundo.

A todos que leram este livro...

CASADOS,

NOIVOS,

SOLTEIROS,

ATÉ MESMO SOLTEIRÕES INVETERADOS

OU SOLTEIRONAS...

Quero que saibam que
o casamento não é para vocês.
Nenhum relacionamento
de amor verdadeiro é para vocês.
O amor tem a ver com a
pessoa que você ama.

amor

PARADOXALMENTE,

quanto mais você ama de verdade aquela pessoa, mais amor você recebe. E não apenas de seu(sua) companheiro(a), mas dos amigos e da família dele(a) e dos milhares de pessoas que você jamais teria conhecido se tivesse concentrado todo o seu amor em si mesmo.

SINCERAMENTE, O CASAMENTO NÃO É PARA VOCÊ.

O amor não é para você.

O AMOR É PARA A PESSOA QUE VOCÊ AMA.

VOCÊ É PARTE DA MINHA EXISTÊNCIA, PARTE DE MIM MESMO.

—CHARLES DICKENS,
Grandes Esperanças

SOBRE O AUTOR

Seth Adam Smith nasceu em Anchorage, no Alasca. Desde 2004 produz vídeos e artigos para o meio empresarial, organizações sem fins lucrativos, grupos de jovens, artistas e defensores de causas políticas. É o editor executivo da ForwardWalking.com. Vive com Kim, sua esposa, na Flórida.